AF370265

F 46962 (1 — 23)

Juillet 1627 — 15. 7.bre 1628

EDICT DV ROY,

POVR LA CREATION ET RESTABLISSEMENT DE deux Receueurs antiens & alternatifz du Taillon, aux Eslections de la Prouince de Normandie.

Registré en la Chambre des Comptes & Cour des Aydes en Normandie, le 19. Aoust & 15. Septembre mil six cens vingt-huict.

A ROVEN.

DE L'IMPRIMERIE,
De MARTIN LE MESGISSIER, Imprimeur ordinaire du Roy, & des Arrestz & Ordónances concernans la Police de ceste ville de Roüen, tenant sa boutique au haut des degréz du Palais.

M. D. C. XXVIII.

Auec Priuilege de sa Majesté.

OVIS PAR LA GRACE DE DIEV, ROY DE FRANCE ET DE NAVARRE: A tous presents & aduenir, Salut. Bien que l'intention des Roys nos predeces-seurs & la nostre aye tousiours esté de faire recepuoir par vn mesme ordre les deniers de nos Tailles, Taillon, & autres creuës en toutes les Prouinces & Gene-ralitéz de ce Royaume, & que pour cét effect nous y ayons preposé des officiers generaulx & particuliers, en tel nombre, qualité, & fun-ction qu'il à esté iugé necessaire, Neantmoins nous auons recongneu que les Receueurs des tailles de nostre Prouince de Normandie estás chargez du recouurement des deniers du Tail-lon, sans que pour raison d'iceluy il leur soit attribué aucuns gaiges, ny rendent pas le mes-me soing & diligence qu'aux autres deniers de leurs charges, qui est cause que lesdicts de-niers du Taillon sont souuent recullez & peu-uent tomber en nonualleurs : Ce qui n'arriue-

roit pas ſy ledict recouurement eſtoit mis
à des officiers particuliers en chacune Eſlection de ladicte Prouince comme il eſt en
autres de ce Royaume, Ce que mis en
conſideration, & meſmes que nous auons en
la preſente année augmenté la leuée des deniers du Taillon pour faciliter le fondz neceſ-
ſaire pour le payement de noſtre Gendarme-
rie, L'eſtat preſent de nos affaires nous obli-
geant à mettre ſur pied nombre de Gens de
guerre tant par terre que par mer, pour nous
conſeruer, & proteger noz ſubjectz des vio-
lences & pirateries qu'ils ont ſoufferres, &
preuenir d'autres plus grandes dont ils ſont
menaſſez. POVR CE EST-IL, que
ceſte affaire mis en deliberation en noſtre
Conſeil, où eſtoient la Royne noſtre tres-ho-
norée Dame & Mere, aucuns Princes, & autres grands & notables perſonnages d'iceluy,
NOVS de leur aduis, & de noſtre certaine
ſcience plaine puiſſance & auctorité Royalle.
AVONS par le preſent Edict perpetuel &
irreuocable, Creé & erigé, Creons & erigeõs
en chef & tiltre d'office formé trois noz Conſeillers & Receueurs particuliers du Taillon
en chacune Eſlection de noſtre pays de Normandie & dépendantes des Generalitéz de
Roüen & Caen, pour ſeruir alternatiuement

de trois années l'vne, aux gages de cinq cens
liures chacun, droictz de quittances, à raison
de vingt-deniers pour chacune quittance,
qu'ils deliurerōt par chacun quartier aux Collecteurs desdits deniers de chacune parroiſſe,
Et aux autres droictz, hōneurs, prerogatiues,
exemptions, libertez, telles & ſemblables que
ceulx dont joüiſſent noz Receueurs des Tailles & du Taillon des autres generallitéz de ce
Royaume, & qui leur ſont atrribuez par leur
Edict de creation, Auſquels offices preſen-
tement creez il ſera dés a preſent & cy apres
pourueu par Nous & noz ſucceſſeurs Roys,
lors que vaccation eſcherta par mort, forfai-
cture, où autrement, Et leſdicts pourueuz
admis a joüir du benefice de la diſpence des
quarante iours ainſi que nos autres officiers,
ſuiuant noz lettres de declaration du 21. Feb-
urier 1621. Sans neantmoins qu'ils ſoient te-
nus de payer aucun preſt pour le temps reſtás
à expirer de ladicte declaration, Ny le ſoixan-
tieſme denier de l'eualluation de leurs offices
pour la premiere fois ſeulement, lequel ſoi-
xantieſme denier nous auons reglé ſur le pied
des offices de meſme quallité & fonction des
autres generalitéz de ce Royaume. SY DON-
NONS EN MANDEMENT à noz améz &
feaulx Conſeillers, les Gens de noz Comptes

à Roüen, Prefidens & Treforiers Generaulx
de France y refortiffans, que le prefent Edict
ils facent lire, publier, & regiftrer, & du con-
tenu joüir & vfer ceulx qui feront pourueuz
defdicts offices plainement & paifiblement,
fans qu'il leur foit faict, mis, où donné aucun
trouble ou empefchemét au contraire : Non-
obftant tous autres Edictz, Arreftz, Ordonnances, Reglements, & lettres contraires
à ces prefentes, Clameur de haro, Chartre
Normande, prife à partie, oppofitions, appel-
lations, où empefchemens quelsconques, La
cógnoiffance defquelles fi aucunes interuien-
nent, Nous auons retenuë & referuée à nous
& a noftre Confeil d'Eftat, & icelles interdi-
tes à toutes noz autres Cours & Iuges, CAR
TEL eft noftre plaifir, Et affin que ce foit cho-
fe ferme & ftable a roufiours, Nous auõs faict
metttre & appofer noftre feel à cefdictes prefentes, fauf en autres chofes noftre droict &
l'autruy en toutes.   DONNE' à Villeroy
au mois de Iuillet, l'an de grace mil fix cens
vingt-fept, Et de noftre Regne le dix huictié-
me. Signé, LOVIS. & fur le reply eft
efcript, Par le Roy. Signé, POTIER. &
feellées fur lacz de foye rouge & verd du grãd
feel de cire verde.

VEV PAR LA CHAMBRE les
lettres patētes du Roy en forme d'Edict,
dónées à Villeroy au mois de Iuillet dernier,
Par lesquelles ledict Seigneur à crée & erigé
en chef & tiltre d'office formé trois ses Conseillers & Receueurs particuliers du Taillon
en chacune Esléction des Generalitéz de
Roüen & Caen, pour seruir alternatiuement
de trois années l'vne, aux gages de cinq cens
liures chacun, droictz de vingt deniers pour
chacune quittance qu'ils deliureront par chacun quartier aux Collecteurs desdicts deniers
de chacune parroisse, & autres droictz, honneurs, prerogatiues, exemptions & libertez,
tels & semblables & dont joüissent les Receueurs des Tailles & du Taillon és autres Ge-
neralitez de ce Royaume. Lettres closes du
Roy du 21. dudit mois de Iuillet, Par lesquelles est mandé a ladicte Chambre proceder à la
verisficatió dudit Edict. Requeste presentée
à icelle par les Receueurs des Tailles de Normandie, afin d'estre maintenus à joüir comme
ils ont faict depuis soixante ans jusques à pre-
sent des gages & taxations ordinaires dudict
Taillon, Et qu'aucune personne ne pourra
estre receu ausdits offices nouuellemét creez,
qu'ils n'ayent remboursé lesdicts Receueurs
des Tailles de la fináce qu'ils ont payée à cau-

se des taxations extraordinaires dudit Taillon
& des taxations de deux deniers pour liure
d'iceluy, dont la veriffication sera faicte en ladicte Chambre , auec Requeste presentée par
le Procureur Sindic des Estatz de Normandie, Tendant pour les causes, raisons, & con-
siderations y contenuës , à estre receu oppo-
sant à la veriffication dudict Edict.   Autres
Lettres closes données à Villeroy le seiziéme
de ce mois, contenant tres-expréz commandement à ladicte Chambre de proceder à la
veriffication & registrement dudict Edict,
Conclusions du Procureur General du Roy,
requerant la veriffication d'iceluy , Et tout
consideré.   LA CHAMBRE les deux
Semestres assemblez ayant esgard à l'vrgente
necessité des affaires du Roy,   A ordonné &
ordonne que ledict Edict du mois de Iuillet
dernier sera leu, publié & registré és registres
d'icelle , pour la creation & restablissement
de deux Receueurs antiens & alternatif du
Taillon cy deuant suprimez en chacune Eslection , A la charge que les gages attribuez à
chacun d'eulx par ledit Edict, seront soubz le
bon plaisir du Roy reduits & moderez à chacun desdits Receueurs restablis à proportion
de ce que les Eslections ou ils serõt pourueuz
portent pour leur part dudit Taillon & parisis

d'iceluy, du departement duquel sera dressé
vn estat sur les comptes des dernieres années,
& enuoyé a sa Majesté aux fins du reglement
d'iceulx gages. A la charge aussi que les deniers prouenans de la composition desdicts
offices du Taillon serót employez aux effectz
portez par ledit Edict sans diuertissement, Et
que les noueaux pourueuz d'iceulx auant
qu'entrer en exercice rembourseront les Receueurs des Tailles au marc la liure de ce que
môte la finance par eulx payée, pour jouir des
taxatiós a eulx cy deuāt attribuez a cause de la
recepte dudict Taillon & parisis d'iceluy, sui-
uant la verification qui en sera faicte en ladicte Chambre, en laquelle lesdicts officiers du
Taillon de noueau pourueuz feront le ser-
ment & compteront de leur maniement chacun an dans le temps de l'ordónance, & bail-
leront caution auant qu'entrer en exercice.
Et au regard de l'oppositron du Procureur des
Estarz, Ladicte Chambre a ordóné & ordonne qu'il se pouruoirra sur icelle par deuers sadicte Majesté. Faict le dixneufiesme iour
d'Aoust, l'an mil six cens vingt-sept.

EXTRAICT DES REGISTRES
de la Chambre des Comptes de Normandie.
Signé, TESSON.

Registré és registres de la Cour des Aydes en Nor-
mandie, pour auoir lieu aux charges contenuës en
l'arrest de la Cour, de ce iour d'huy vingt-deuxiesme
Aoust mil six cēs vingt-huict. Signé, Deplanes.

EXTRAICT DES REGISTRES
de la Cour des Aydes en Normandie.

VE V PAR LA COVR les
Lettres patentes du Roy en forme
d'Edict, dōnées a Villeroy au mois
de Iuillet mil six cens vingt-sept,
Par lesquelles pour les causes & cōsiderations
y contenuës, Ledict Seigneur a creé & erigé
en tiltre d'office formé trois offices de Conseillers & Receueurs particuliers du Taillon
en chacune Ellection de ceste Prouince, pour
exercer triennallement de trois années l'vne
aux gaiges de cinq cens liures chacun, droictz
de quictances a raison de vingt deniers pour
chacune, qu'ils deliureront pour chacun quar-
tiers aux Collecteurs des parroisses, & autres
droictz, honneurs, prerogatiues, exemptions
telles & semblables que celles dont joüissent
les Receueurs des Tailles & du Taillon des
autres Prouinces & Generalitéz de ce Royaume. Mandant sadicte Majesté a ladicte Cour

proceder à la veriſſication & regiſtrement dudit Edict comme il eſt plus amplement decla-
ré par iceluy. Requeſte d'oppoſition à ladicte
veriſſication du Procureur Sindic des Eſtatz
de ceſtedicte Prouince, la concluſion du Procureur general du Roy, tout conſideré. LA
COVR du tres-expréz commandement du
Roy par pluſieurs fois reïteré, A ordonné &
ordonne que ledict Edict ſera regiſtré és regiſtres d'icelle, pour auoir lieu pour deux offices
ſeulement en chacune Eſlection, A la charge
que les pourueuz d'iceulx offices feront le ſer-
ment à ladicte Cour, les exerceront en per-
ſonne, & feront leur actuelle demeure & reſi-
dence aux Villes & lieux ou les ſieges deſdi-
ctes Eſlections ſont eſtablis, pour en ce fai-
ſant & non autrement, joüir d'exemption de
dix liures du corps principal de la Taille & des
creuës à l'eſquipollent. FAICT en ladicte
Cour des Aydes à Roüen, le vingt-deuxieſme
jour d'Aouſt mil ſix cens vingt-huict.

Signé,   DEPLANES.

OVIS PAR LA GRACE
DE DIEV, ROY DE FRANCE
ET DE NAVARRE : A Noz
amez & feaulx Conseillers les
Gens tenans nostre Cour des
Aydes de Roüen, Salut. Nous auons faict
veoir en nostre Conseil & en nostre presence
vostre Arrest du vingt deuxiesme de ce moys,
Par lequel au lieu de proceder à l'enregistre-
ment pur & simple sans aucune modiffication
de nostre Edict du moys de Iuillet mil six cens
vingt sept, Portant creation de trois noz Conseillers & Receueurs particuliers du Taillon
en chacune Eslection de nostre Prouince de
Normandie , Vous auriez entr'autre chose
ordonné que nostredict Edict seroit registré
pour la creation de deux offices en chacune
Eslection seulement ; A la charge que les
pourueuz d'iceulx les exerceront en personne-
nes & feront leur actuelle residence és villes
& lieux ou les sieges desdictes Eslections sont
establies , pour en ce faisant & non autrement
joüir d'exemption de dix liures du corps principal de la Taille & des creuës à l'esquipolent,
Sans considerer qu'au moyen desdictes modif-
ficatiõs & restrinctions nul ne vouldra traicter
desdits offices , attẽdu qu'estans de fort peu de
valeur, ils ne sont considerables que par l'exé-

ption des Tailles que nous leur auons attri-
buée par noſtredit Edict, Et que par ainſi nous
ſerions fruſtréz du ſecours que nous eſperons
tirer de la vête d'iceux en la preſente neceſſité
de noz affaires, Surquoy ayās voulu vous faire
entendre noſtre intention par ces preſentes.
A CES CAVSES, de l'aduis de noſtredict Conſeil & de noſtre certaine ſcience plei-
ne puiſſance & auctorité royalle. Nous vous
mandons, ordonnons, & tres-expreſſément
enjoignons par ces preſentes ſignez de noſtre
main; qui vous ſeruira de derniere & finalle
Iuſſion, que ſans vous arreſter a voſtredit Arreſt n'y aux reſtrinctions & modifficatiōs portez par iceluy, vous ayez tous affaires ceſſans
& poſtpoſez & ſans attēdre autre plus expréz
commandement de nous, A proceder à l'en-
regiſtrement de noſtredict Edict ſelon ſa forme & teneur : tant pour l'antien, l'alternatif,
que pour le triennal, aux exemptions telles &
ſemblables que celles dont joüiſſent les Receueurs des Tailles & du Taillon des autres Ge-
neralitez de noſtre Royaume conformément
à noſtredit Edict. Mandons à noſtre Procureur General en noſtredicte Cour faire toutes
requiſitions neceſſaires pour ce regard, CAR
Tɛʟ eſt noſtre plaiſir; Nonobſtant comme
dict eſt voſtredict Arreſt, ordonnances, regle-

mens, & choſes à ce contraires : auſquelles
nous auons derogé & derogeons par ceſdictes
preſentes, DONNE' au Camp deuant la
Rochelle, le vingt-neufieſme iour d'Aouſt,
l'an de grace mil ſix cens vingt-huict, Et de
noſtre Regne le dixneufieſme. Signé,
LOVIS. Et plus bas, PAR LE
ROY. POTIER. Et ſeellez ſur ſim-
ple queuë du grand ſeau de cire jaulne, Et à
coſté eſt eſcript.

Regiſtré és regiſtres de la Cour des Aydes en
Normandie, pour auoir lieu ſuiuant l'arreſt de ladi-
cte Cour, de ce jourd'huy quinzieſme de Septembre
mil ſix cens vingt-huict. Signé, Foubert.

EXTRAICT DES REGISTRES
de la Cour des Aydes en Normandie.

EV PAR LA COVR
les Lettres patentes du Roy
en forme de Iuſſion, don-
nées au Camp deuant la Rochelle le vingt-neufieſme
iour d'Aouſt dernier, Par leſ-
quelles eſtoit mandé à ladicte Cour ſans s'ar-

rester à son Arrest du vingt-deuxiesme dudict moys, donné sur l'Edict de sa Majesté du
moys de Iuillet mil six cens vingt-sept, Portant creation de trois offices de Conseillers &
Receueurs particuliers du Taillon en chacune
Eslection de ceste Prouince, aux gaiges de
cinq cens liures chacun, & exemption de toute Taille, n'y aux modifficatios contenus a u-
dict Arrest, Elle eust tous affaires cessans &
sans attendre de sa Majesté autre plus expréz
commandement & Iussion, que ledict Seigneur de l'aduis de son Conseil veult seruir de
derniere & finalle, a proceder a l'enregistre-
ment dudict Edict selon sa forme & teneur :
tant pour l'office antien & l'alternatif, que
pour le triennal, aux exemptions telles &
semblables que celles dont joüissent les Receueurs des Tailles & du Taillon des autres
Generalitéz & Prouinces de ce Royaume,
comme plus au long lesdictes lettres le con-
tiennent, les Conclusions du Procureur General du Roy, & repris lesdicts Edict & arrest,
tout consideré. LA COVR à ordon-
né & ordonne que lesdictes lettres de Iussion
seront registrées és registres d'icelle, pour
joüir par les pourueuz desdicts offices au nombre de deux seulement en chacune Eslection
de ceste Prouince, de l'exemption de toute

Taille, A laquelle fin ils presenteront leurs prouisions à la Cour ainsi que les autres pre-uillegez de cestedicte Prouince. Faict en ladicte Cour des Aydes à Roüen, le quinaies-me iour de Septembre mil six cens vingt huict. Signé, FOVBERT.